# Le parcours de l'utilisateur

Comment l'esprit fonctionne à travers les textes et le design

## _droits d'auteur_ ®

Tous les droits d'auteur pour ce contenu sont réservés. Aucune partie de ce texte ne peut être reproduite, stockée ou transmise sous quelque forme ou par quelque moyen que ce soit, électronique, mécanique, photocopie, enregistrement ou autre, sans l'autorisation écrite préalable du détenteur des droits d'auteur.

Toute utilisation non autorisée de ce contenu constitue une violation du droit d'auteur et expose le contrevenant à des poursuites judiciaires. Tous les textes, images et autres éléments contenus dans ce contenu sont la propriété du détenteur des droits d'auteur, sauf indication contraire.

Le détenteur des droits d'auteur se réserve le droit d'apporter des modifications, des corrections et des mises à jour à ce contenu à tout moment et sans préavis. L'utilisation de ce contenu est strictement à des fins d'information et d'éducation *et ne doit pas être interprétée comme un conseil juridique ou professionnel.*

L'esprit de l'utilisateur joue un rôle crucial lors de l'expérimentation des textes et du design, et son fonctionnement peut être analysé d'un point de vue scientifique. Explorons quelques aspects clés de ce processus.

Lorsqu'un utilisateur interagit avec un texte ou un dessin, diverses activités cognitives se déroulent dans son esprit. Au niveau perceptif, les stimuli visuels et textuels sont traités par des systèmes sensoriels tels que la vision et la lecture. L'esprit de l'utilisateur interprète et analyse les éléments visuels tels que les couleurs, les formes, les images et la typographie, ainsi que la structure et le contenu du texte.

Comprendre le texte implique d'activer des processus linguistiques, tels que décoder des mots, attribuer un sens et interpréter des phrases. Les utilisateurs utilisent leurs connaissances antérieures, leur vocabulaire et leurs expériences pour comprendre les messages véhiculés par le texte. Ils évaluent également la clarté, la cohésion et la cohérence du texte, en cherchant à obtenir un sens complet et cohérent.

En ce qui concerne la conception, l'esprit de l'utilisateur traite les informations visuelles de manière holistique, identifiant les modèles, les hiérarchies et les structures. Les principes de conception tels que le contraste, l'alignement, la proximité et l'équilibre influencent la perception et l'organisation visuelle de l'information. Les utilisateurs appliquent également des mentalités et des attentes basées sur leurs expériences passées pour interpréter et naviguer dans la conception.

De plus, l'esprit de l'utilisateur est influencé par des facteurs émotionnels et motivationnels lors de l'expérimentation de textes et de conception. Les émotions jouent un rôle important dans la formation des attitudes et dans la réponse affective aux expériences. Les utilisateurs peuvent éprouver des sentiments positifs tels que la satisfaction et le plaisir, ou des sentiments négatifs tels que la frustration et la confusion, selon la qualité et la pertinence du texte et de la conception.

Les processus cognitifs et émotionnels de l'esprit de l'utilisateur sont étudiés par plusieurs disciplines scientifiques, telles que la psychologie cognitive, la psychologie expérimentale et les neurosciences. Ces études fournissent des informations précieuses sur la façon dont les utilisateurs perçoivent, comprennent, évaluent et réagissent aux textes et aux conceptions, permettant aux professionnels de l'UX et de la conception de prendre des décisions éclairées et de créer des expériences plus efficaces et engageantes.

En fin de compte, vous verrez que l'esprit de l'utilisateur joue un rôle complexe et multiforme lors de l'expérimentation du texte et de la conception. Le traitement perceptif, la compréhension textuelle, la perception visuelle, les émotions et la motivation sont quelques-uns des aspects impliqués dans ce processus. La compréhension scientifique de ces mécanismes aide à créer des expériences plus percutantes et significatives pour les utilisateurs.

# Une brève introduction au monde UX

L'expérience utilisateur (UX) est une discipline qui cherche à comprendre et à améliorer l'interaction entre les utilisateurs et un produit, un système ou un service.

Ce domaine d'étude est fondamental pour créer des expériences satisfaisantes, intuitives et efficaces, en tenant compte des besoins, des envies et des attentes des utilisateurs. Dans ce texte, nous allons explorer le concept d'UX, son importance et son origine.

L'émergence du terme "User Experience" remonte aux années 1990, lorsque le chercheur Don Norman a popularisé le concept dans son ouvrage "The Design of Everyday Things".

Norman a été l'une des figures pionnières dans le domaine de l'ergonomie cognitive et a défendu l'importance de concevoir des produits centrés sur l'utilisateur.

Cependant, il est important de souligner que le concept d'UX n'a pas été inventé par une seule personne, mais a évolué à partir de plusieurs domaines interdisciplinaires, tels que la psychologie, l'ergonomie, le design d'interaction et les sciences cognitives.

L'idée que l'expérience utilisateur est essentielle au succès d'un produit a commencé à prendre de l'importance à mesure que la technologie devenait de plus en plus présente dans la vie quotidienne des gens.

L'avènement d'internet et la croissance exponentielle des applications numériques ont renforcé le besoin de créer des interfaces plus conviviales et plus accessibles. Dans ce contexte, l'UX est désormais reconnue comme un avantage concurrentiel pour les entreprises, puisque la satisfaction et la fidélité des utilisateurs sont devenues des éléments essentiels au succès d'un produit ou d'un service.

Au début, l'accent était mis principalement sur l'utilisabilité, c'est-à-dire sur la facilité d'utilisation des produits et sur la satisfaction des besoins des utilisateurs.

Au fil du temps, le concept d'UX s'est étendu au-delà de la convivialité, en tenant également compte des aspects émotionnels, affectifs et esthétiques de l'expérience utilisateur.

Le domaine de l'UX couvre un large éventail d'activités et de méthodologies. L'une des étapes fondamentales est la recherche d'utilisateurs, qui consiste à collecter des informations sur les besoins, les désirs, les attentes et les comportements des utilisateurs. Cette recherche peut être réalisée par le biais d'entretiens, de questionnaires, d'observations ou d'autres méthodes, permettant aux professionnels de l'UX de mieux comprendre le public cible et leurs contextes d'utilisation.

Sur la base des connaissances acquises grâce à la recherche sur les utilisateurs, les professionnels de l'UX développent des personnages, qui sont des représentations fictives d'utilisateurs ayant des caractéristiques et des besoins similaires.

Les personas aident à guider le processus de conception, permettant aux concepteurs de se mettre à la place des utilisateurs et de prendre des décisions en fonction de leurs points de vue.

Dans le processus UX, il est également important de créer des wireframes et des prototypes. Les wireframes sont des croquis ou des schémas visuels qui représentent la structure et la disposition d'une interface. Les prototypes sont des versions interactives du produit qui permettent de tester et de valider des concepts, des fonctionnalités et des flux d'interaction avec les utilisateurs avant le développement complet.

L'architecture de l'information est un autre domaine qui joue un rôle clé dans l'UX.

Il se concentre sur l'organisation, la structure et la navigation des informations dans un produit ou un système. Une architecture d'information bien planifiée facilite la recherche et la compréhension des informations, ce qui rend l'expérience utilisateur plus efficace et satisfaisante.

A côté de cela, nous avons la conception d'interface, qui est un autre domaine essentiel dans le domaine UX. Cela implique la création visuelle et interactive d'éléments d'interface, tels que des boutons, des menus, des icônes et des couleurs. Une bonne conception d'interface recherche l'harmonie entre l'esthétique et la fonctionnalité, en veillant à ce que l'interface soit attrayante, intuitive et facile à utiliser.

En plus de la recherche, du prototypage, de l'architecture de l'information et de la conception d'interfaces, UX englobe également l'évaluation et les tests d'utilisabilité. Ces activités permettent d'identifier les problèmes et les opportunités d'amélioration dans l'interaction de l'utilisateur avec le produit. Grâce à des tests avec de vrais utilisateurs, vous pouvez obtenir des commentaires précieux et apporter les ajustements nécessaires pour garantir une expérience utilisateur plus satisfaisante.

Il est important de noter que l'UX ne se limite pas seulement aux produits numériques, mais s'applique également aux produits et services physiques. De l'emballage d'un produit à l'expérience de service dans un magasin physique, l'UX englobe toutes les interactions d'un utilisateur avec une marque ou une organisation.

L'application de l'UX apporte une série d'avantages tant pour les entreprises que pour les utilisateurs. Pour les entreprises, une bonne UX peut se traduire par une plus grande satisfaction client, une fidélité accrue, une plus grande compétitivité sur le marché et même une réduction des coûts liés au support et à la formation. Pour les utilisateurs, une UX bien conçue est synonyme de facilité d'utilisation, d'efficacité, de plaisir dans l'interaction et de satisfaction de leurs besoins.

Ces dernières années, l'UX est devenue de plus en plus valorisée et intégrée dans les pratiques de développement de produits et de services. Des entreprises de différents secteurs investissent dans des équipes UX, reconnaissant leur importance stratégique et leur impact sur les résultats commerciaux.

Enfin, l'expérience utilisateur (UX) est une discipline qui vise à améliorer l'interaction entre les utilisateurs et les produits, systèmes ou services. Elle est apparue comme une réponse au besoin de concevoir des expériences positives et signifiantes pour les utilisateurs, en tenant compte de leurs besoins, envies et attentes. A travers une approche centrée sur l'utilisateur, l'UX cherche à créer des produits et services faciles à utiliser, efficaces, agréables et qui répondent aux besoins des utilisateurs. Avec l'importance croissante du design et de l'expérience utilisateur, le domaine de l'UX continue d'évoluer, poussé par l'innovation technologique constante et la demande de produits et services de plus en plus intuitifs et satisfaisants.

# Les 5 piliers fondamentaux de l'utilisabilité

Imaginez que vous organisez un dîner spécial pour vos amis.

Pour que chacun passe une expérience agréable, il faut tenir compte de cinq aspects fondamentaux : la diversité des goûts et des préférences, l'efficacité dans la préparation des plats, la capacité à mémoriser les recettes, la prévention des erreurs culinaires et, bien sûr, la satisfaction des clients. .

Tout d'abord, vous devez tenir compte de la diversité des goûts et des préférences. Comme pour le design UX, il est important de proposer des options qui répondent aux différents besoins de vos invités, comme des plats végétariens, sans gluten ou avec des restrictions alimentaires spécifiques. Cela garantira que chacun pourra profiter du dîner en fonction de ses préférences individuelles.

Ensuite, l'efficacité dans la préparation des plats est primordiale. Vous devez organiser votre cuisine de manière à avoir à portée de main les ingrédients et ustensiles nécessaires, en optimisant le temps et en évitant les retards dans la livraison des repas. Comme pour la conception UX, l'efficacité est cruciale pour que les clients aient une expérience fluide sans retards inutiles.

Un autre aspect important est la capacité de mémoriser des recettes. Imaginez que vous ayez besoin de consulter un livre de cuisine à tout moment pour vous souvenir des étapes de préparation. Cela pourrait causer de la confusion et de l'usure pendant le dîner. De même, en UX design, il est nécessaire de créer une expérience mémorable pour les utilisateurs, afin qu'ils puissent interagir avec le produit ou le service sans difficultés, même après une période d'absence.

De plus, il est crucial d'éviter les erreurs culinaires. Imaginez servir un plat trop salé ou omettre un ingrédient essentiel. Cela peut compromettre l'expérience de vos invités. En UX design, il faut aussi réfléchir à comment éviter les erreurs qui peuvent frustrer les utilisateurs, que ce soit par des retours clairs et visuels, des confirmations d'actions importantes ou des restrictions qui empêchent les actions indésirables.

En fin de compte, la satisfaction des clients est le but ultime. Vous voulez qu'ils se sentent satisfaits, apprécient la nourriture et quittent le dîner en se sentant positifs. De même, dans la conception UX, la satisfaction des utilisateurs est essentielle. L'objectif est de créer une expérience agréable, fonctionnelle et qui réponde aux attentes des utilisateurs, afin qu'ils soient satisfaits et aient une perception positive du produit ou du service.

Cette analogie avec un dîner spécial illustre simplement les cinq piliers de la convivialité, soulignant l'importance de prendre en compte la diversité, l'efficacité, la mémorisation, la prévention des erreurs et la satisfaction des utilisateurs dans tout projet de conception UX, mais maintenant, apprenez à connaître chacun d'eux de manière isolée.

**Apprentissage:**

L'apprentissage fait référence à la facilité avec laquelle les utilisateurs peuvent apprendre à utiliser un produit ou un service. Une bonne conception UX doit permettre aux utilisateurs de comprendre rapidement comment interagir avec le produit, sans avoir besoin d'instructions complexes. Cela inclut une interface intuitive, avec des éléments de conception clairs et explicites, un retour visuel et de brèves instructions si nécessaire. En donnant la priorité à l'apprentissage, les concepteurs UX cherchent à minimiser la courbe d'apprentissage, afin que les utilisateurs puissent commencer à utiliser le produit de manière efficace et autonome.

**Efficacité**:

L'efficacité fait référence à la rapidité et à la facilité avec lesquelles les utilisateurs peuvent accomplir leurs tâches et atteindre leurs objectifs lorsqu'ils utilisent un produit ou un service. Une bonne conception UX vise à optimiser le flux de travail et l'interaction, en réduisant les efforts et le temps nécessaires pour accomplir les tâches. Cela implique de simplifier les processus, d'éliminer les étapes inutiles, de prendre des raccourcis et d'automatiser chaque fois que possible. En donnant la priorité à l'efficacité, les concepteurs UX cherchent à rendre l'expérience utilisateur plus agile et productive, en augmentant la productivité et en minimisant les frustrations.

*mémorisation*:

La mémorisation concerne la facilité avec laquelle les utilisateurs peuvent se rappeler comment utiliser un produit ou un service après une période de temps sans l'utiliser. Une bonne conception UX cherche à créer une expérience mémorable, afin que les utilisateurs puissent revenir sur le produit après un certain temps et reprendre l'interaction sans difficulté. Ceci peut être réalisé grâce à des éléments visuels cohérents, des modèles de conception reconnaissables, une structure de navigation intuitive et un langage visuel cohérent. En donnant la priorité à la mémorisation, les concepteurs UX cherchent à s'assurer que les utilisateurs peuvent se sentir à l'aise et en confiance lorsqu'ils reprennent l'utilisation du produit après un laps de temps.

*prévention des erreurs*:

La prévention des erreurs fait référence à la capacité d'une conception UX à éviter ou à minimiser les erreurs commises par les utilisateurs. Une bonne conception UX doit être conçue de manière à réduire la possibilité d'erreurs, ce qui rend l'interaction plus sûre et sans erreur. Cela peut impliquer l'utilisation d'un retour visuel clair, d'avertissements préventifs, de confirmations d'actions importantes et de restrictions intelligentes. En donnant la priorité à la prévention des erreurs, les concepteurs UX cherchent à éviter les situations frustrantes et à améliorer la confiance des utilisateurs en créant un environnement où les erreurs sont moins probables et leurs impacts sont minimisés.

**Satisfaction des utilisateurs :**

La satisfaction de l'utilisateur est un pilier fondamental de l'UX, se référant à l'expérience globale et au sentiment positif que les utilisateurs ont lorsqu'ils utilisent un produit ou un service. Une bonne conception UX doit prendre en compte les émotions et les besoins émotionnels des utilisateurs, créant une expérience agréable et satisfaisante. Cela implique une esthétique de conception, le choix de couleurs et de visuels attrayants, la personnalisation des préférences des utilisateurs et une approche empathique des interactions. En donnant la priorité à la satisfaction de l'utilisateur, les concepteurs UX cherchent à créer un lien émotionnel entre l'utilisateur et le produit, rendant l'expérience mémorable et positive.

Chacun de ces piliers fondamentaux de l'utilisabilité est important en soi, mais ils sont également interconnectés et s'influencent mutuellement. Par exemple, une conception qui donne la priorité à l'apprentissage facilite l'efficacité, car les utilisateurs qui comprennent rapidement comment utiliser le produit peuvent effectuer leurs tâches plus rapidement. De même, une conception qui évite les erreurs contribue à la satisfaction des utilisateurs, car les utilisateurs frustrés par des erreurs constantes auront une expérience négative et insatisfaisante.

Il est important de souligner que ces piliers de l'utilisabilité sont des lignes directrices générales et peuvent varier en fonction du contexte et des caractéristiques du produit ou du service en question. Par exemple, dans une application de retouche photo, l'efficacité peut être un facteur clé, permettant aux utilisateurs de retoucher leurs images rapidement et avec précision. Sur un site d'actualités, cependant, l'apprentissage et la mémorisation peuvent être plus pertinents, car les utilisateurs doivent pouvoir trouver et accéder facilement aux informations souhaitées lors de leurs visites futures.

Lors de la création d'un design UX, il est essentiel de considérer ces piliers d'utilisabilité ensemble et de les équilibrer en fonction des besoins des utilisateurs et des objectifs du produit ou du service. Chacun de ces piliers joue un rôle important dans la création d'une expérience utilisateur réussie, agréable, efficace, sans erreur et mémorable.

Les cinq piliers fondamentaux de l'utilisabilité UX - apprentissage, efficacité, mémorisation, prévention des erreurs et satisfaction de l'utilisateur - sont des éléments clés pour créer une expérience utilisateur positive et significative.

Ces piliers guident le processus de conception, aidant les professionnels UX à concevoir des produits et services faciles à apprendre, efficaces à utiliser, mémorables, sans erreur et capables de fournir une expérience satisfaisante et agréable aux utilisateurs. En donnant la priorité à ces piliers, les entreprises peuvent accroître la satisfaction des utilisateurs, la fidélité à la marque et le succès de leurs produits ou services sur le marché.

# Les 10 heuristiques de Nielsen

Les 10 heuristiques de Nielsen, également connues sous le nom de "10 heuristiques d'utilisabilité de Nielsen", ont été proposées par Jakob Nielsen, un expert renommé en utilisabilité, comme un ensemble de principes directeurs pour évaluer l'utilisabilité des interfaces utilisateur. Ces heuristiques servent de lignes directrices pour identifier les problèmes d'utilisabilité dans une conception et guider les améliorations nécessaires. Nous détaillons chacun d'entre eux ci-dessous :

Visibilité de l'état du système : le système doit toujours informer clairement les utilisateurs de ce qui se passe, que ce soit par le biais d'un retour visuel, de messages d'état ou d'indicateurs de progression. Les utilisateurs doivent être capables de comprendre ce qui se passe et si le système fonctionne correctement.

Correspondance entre le système et le monde réel : le système doit utiliser une terminologie, des concepts et des conventions familiers aux utilisateurs, afin de rendre l'interaction plus intuitive. Le langage et les éléments de conception doivent refléter le monde réel, en évitant les termes techniques complexes ou les icônes déroutantes.

Contrôle et liberté de l'utilisateur : les utilisateurs doivent avoir le contrôle de leurs actions et la possibilité d'annuler les actions indésirables. Il est important de fournir des options de sortie clairement visibles, telles que des boutons d'annulation ou de retour, afin que les utilisateurs puissent se sentir plus en confiance et en sécurité lorsqu'ils explorent le système.

Cohérence et normes : les éléments de conception doivent être cohérents dans tout le système, conformément aux normes reconnaissables par les utilisateurs. Cela inclut la cohérence visuelle, linguistique et d'interaction. La normalisation facilite l'apprentissage et l'utilisation du système, car les utilisateurs peuvent appliquer leurs connaissances préalables à différentes parties de l'interface.

Prévention des erreurs : le système doit être conçu de manière à éviter les erreurs, soit par des restrictions intelligentes, des confirmations d'actions importantes ou des retours clairs et préventifs. Les utilisateurs doivent être guidés pour éviter les actions qui pourraient entraîner des conséquences imprévues ou des erreurs irréversibles.

Reconnaissance plutôt que rappel : le système doit minimiser la charge cognitive des utilisateurs en présentant clairement les informations importantes et en fournissant des conseils ou des rappels chaque fois que nécessaire. Plutôt que d'exiger des utilisateurs qu'ils se souviennent d'informations spécifiques, la conception doit permettre la reconnaissance et la récupération d'informations pertinentes.

Flexibilité et efficacité d'utilisation : le système doit être conçu pour servir à la fois les utilisateurs novices et expérimentés. Vous devez fournir des raccourcis, des fonctionnalités avancées et d'autres options permettant aux utilisateurs d'effectuer des tâches rapidement et efficacement s'ils le souhaitent.

Esthétique et design minimaliste : La conception de l'interface doit être esthétique, avec des éléments visuels propres et épurés. Trop d'informations ou des éléments inutiles peuvent distraire les utilisateurs et rendre la compréhension difficile. Il est important de viser la simplicité et la clarté visuelle.

Aide et documentation : le système doit fournir une aide et une documentation adéquates pour guider les utilisateurs en cas de doute ou de difficulté. Il est important d'offrir des informations claires, accessibles et pertinentes qui sont disponibles lorsque les utilisateurs en ont besoin. Cependant, la conception doit être suffisamment intuitive pour que les utilisateurs ne se fient pas exclusivement à la documentation pour utiliser le système.

Messages d'erreur : Lorsque des erreurs se produisent, le système doit afficher des messages d'erreur clairs, précis et faciles à comprendre. Les messages doivent indiquer quel était le problème et fournir des conseils sur la façon de le résoudre. Il est important d'éviter les messages techniques ou génériques qui n'aident pas les utilisateurs à résoudre leurs problèmes.

Ces heuristiques de Nielsen ont été largement utilisées comme guide pour évaluer l'utilisabilité des interfaces utilisateur dans différents contextes, des applications mobiles aux sites Web et aux logiciels. En appliquant ces heuristiques à un processus de conception ou d'évaluation, les professionnels UX peuvent identifier les problèmes communs et cibler des améliorations spécifiques pour rendre l'expérience utilisateur plus efficace, intuitive et satisfaisante.

Il est à noter que ces heuristiques ne sont pas des règles rigides, mais des lignes directrices générales qui peuvent être adaptées aux besoins spécifiques de chaque projet.

Ils fournissent une base solide pour une conception centrée sur l'utilisateur et aident à créer des interfaces plus faciles à utiliser et répondant aux attentes des utilisateurs.

# O Mindset faire UX

L'UX Mindset, ou UX mindset, est une approche essentielle pour les professionnels travaillant dans le domaine de l'expérience utilisateur. C'est une façon de penser et d'agir qui place l'utilisateur au centre du processus de conception et cherche en permanence à comprendre ses besoins, ses envies et ses attentes.

Tout d'abord, l'UX Mindset nécessite de l'empathie. Il est essentiel de se mettre à la place de l'utilisateur, de comprendre ses motivations, ses frustrations et ses objectifs. Cela implique une écoute active, des recherches, des entretiens et des tests avec de vrais utilisateurs afin d'obtenir des informations précieuses pour guider la conception. En adoptant l'empathie, les professionnels UX sont capables de créer des solutions qui répondent aux besoins réels des utilisateurs, offrant une expérience significative et satisfaisante.

En plus de l'empathie, l'UX Mindset nécessite un état d'esprit d'apprentissage continu. Le domaine UX est en constante évolution et il est important d'être ouvert aux nouvelles idées, concepts et technologies. Les professionnels UX doivent être prêts à acquérir de nouvelles connaissances, à se mettre à jour sur les tendances du marché et à améliorer constamment leurs compétences. Cet état d'esprit d'apprentissage vous permet de suivre les changements de comportement des utilisateurs et les meilleures pratiques de conception, en cherchant toujours à proposer des solutions innovantes et efficaces.

Un autre aspect important de l'UX Mindset est la collaboration. Le travail d'équipe est essentiel pour des projets UX réussis. Les professionnels UX doivent être disposés à collaborer avec d'autres membres de l'équipe tels que les concepteurs, les développeurs, les analystes commerciaux et les parties prenantes. Grâce à la collaboration, il est possible d'intégrer différentes perspectives, de partager des connaissances et de créer des solutions plus complètes qui correspondent aux objectifs du projet. Le brainstorming et la co-création permettent d'éviter les silos et de s'assurer que toutes les personnes impliquées sont alignées sur la vision d'offrir une expérience utilisateur exceptionnelle.

La flexibilité est également une caractéristique importante de l'UX Mindset. Les professionnels UX doivent être ouverts à s'adapter à différentes situations, à faire face aux changements de périmètre et à expérimenter de nouvelles approches. La première solution n'est pas toujours la meilleure, et vous devez être prêt à itérer, tester et affiner continuellement votre conception en fonction des commentaires et des résultats des utilisateurs. La flexibilité permet aux professionnels UX d'être agiles et réactifs, garantissant que les solutions sont vraiment efficaces et pertinentes pour les utilisateurs.

Enfin, l'UX Mindset nécessite un état d'esprit de résolution de problèmes. Les professionnels UX doivent être curieux, analytiques et persistants dans la recherche de solutions répondant aux défis présentés. Ils doivent être capables d'identifier les problèmes, de mener des recherches, d'analyser des données, de prototyper et de tester des solutions afin de résoudre les difficultés rencontrées par les utilisateurs. Cet état d'esprit de résolution de problèmes permet aux professionnels UX d'être des agents de changement, favorisant l'amélioration continue de l'expérience utilisateur.

En résumé, l'UX Mindset est un état d'esprit qui englobe l'empathie, l'apprentissage continu, la collaboration, la flexibilité et la résolution de problèmes. En adoptant cet état d'esprit, les professionnels UX deviennent des défenseurs des utilisateurs, s'efforçant constamment d'atteindre l'excellence dans la création de produits et services centrés sur l'utilisateur.

Cette approche ne se limite pas aux professionnels de l'UX, mais peut être appliquée par toute personne impliquée dans le processus de conception, de développement ou de gestion de produits. L'UX Mindset encourage une culture organisationnelle axée sur la satisfaction des utilisateurs, favorisant l'innovation, la qualité et le succès des produits.

# Architecturer les informations

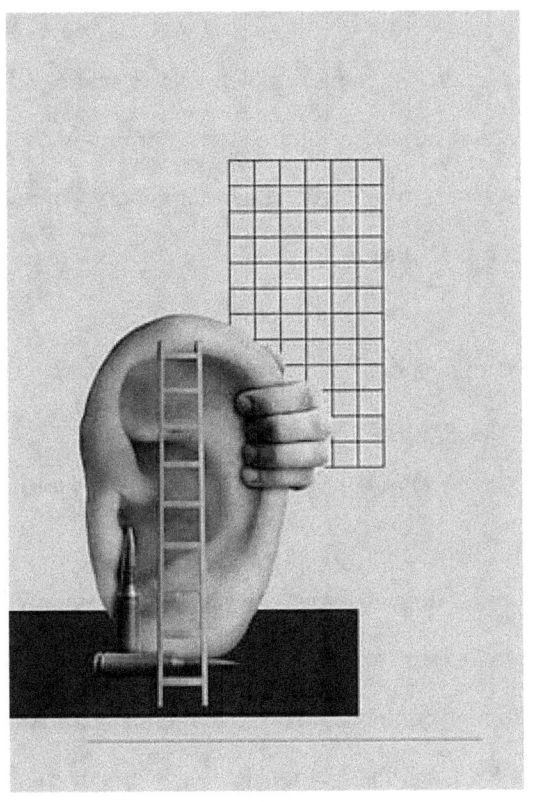

L'architecture de l'information est une discipline de conception de l'information qui se concentre sur l'organisation, la structuration et la présentation de l'information de manière claire et compréhensible.

Cela implique de créer des systèmes d'organisation et de navigation qui permettent aux utilisateurs de trouver, de comprendre et d'interagir efficacement avec les informations.

En substance, l'architecture de l'information a pour objectif principal de faciliter l'accès et la compréhension de l'information, en garantissant une expérience utilisateur satisfaisante. Il cherche à organiser le contenu de manière logique et cohérente, en tenant compte des besoins et des contextes des utilisateurs.

Il couvre différents aspects, tels que la structuration du contenu, la création de catégories et de classifications, la définition de systèmes de navigation, la création de plans de site et la création de taxonomies.

Chacun de ces éléments joue un rôle clé dans l'organisation et l'accessibilité de l'information.

La structuration du contenu consiste à organiser les informations de manière hiérarchique et séquentielle, en déterminant la relation entre les différents éléments et la manière dont ils sont présentés. Cela inclut la définition de sections, de sous-sections, de pages et d'éléments individuels tels que du texte, des images et des vidéos.

La création de catégories et de classifications vise à regrouper des éléments selon leurs caractéristiques et leurs relations. Cette catégorisation peut être basée sur différents critères, tels que le thème, le type de contenu, le public cible, entre autres. Il aide à organiser les informations et à créer des systèmes de recherche et de navigation plus efficaces.

Les systèmes de navigation sont chargés de fournir aux utilisateurs des moyens de se déplacer et d'explorer les informations de manière intuitive. Cela peut inclure des menus, des liens, des boutons et d'autres éléments interactifs qui permettent aux utilisateurs de se déplacer entre les différentes parties du système d'information.

Les plans de site sont des représentations visuelles de la structure du système d'information, offrant un aperçu des sections et des pages disponibles. Ils aident les utilisateurs à comprendre l'organisation du contenu et à trouver rapidement ce qu'ils recherchent.

Il est également lié à la convivialité et à l'accessibilité des informations, en cherchant à garantir que les informations sont affichées de manière claire, lisible et compréhensible, en tenant compte des caractéristiques des utilisateurs et de leurs besoins.

En bref, l'architecture de l'information est responsable de la création de structures et de systèmes organisationnels qui rendent l'information accessible, compréhensible et utilisable par les utilisateurs. Il joue un rôle clé dans la conception d'interfaces et la création d'expériences utilisateur efficaces et satisfaisantes. En appliquant les principes de l'architecture de l'information, les professionnels UX peuvent s'assurer que les utilisateurs trouvent les informations facilement et rapidement, augmentant ainsi la convivialité et la qualité globale de l'expérience utilisateur.

# Connaissez votre utilisateur

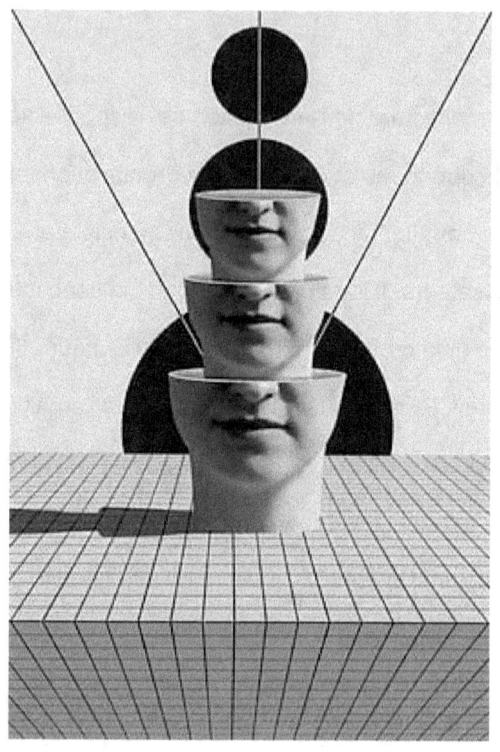

Avouons-le : vous n'êtes pas votre propre utilisateur. Vous ne pouvez donc pas simplement deviner ce qu'il veut, comment il se comporte, quelles sont ses attentes ou ce qu'il pense vraiment de votre produit.

Si vous insistez pour suivre ce que VOUS PENSEZ être le mieux pour votre utilisateur, vous courez le risque de faire de grosses erreurs. Cela signifie que vous perdrez du temps (le vôtre et celui de votre équipe) et de l'argent à investir dans des outils ou des adaptations qui pourraient tout simplement ne pas fonctionner.

Maintenant, pour vous convaincre que bien connaître votre utilisateur est essentiel, voici 4 bonnes raisons :

Améliorer le développement de produits : C'est une évidence, mais nous ne pouvons pas l'oublier. Vous ne pouvez créer un produit intéressant et améliorer l'expérience utilisateur que si vous le connaissez vraiment. Quel est votre besoin ? Quelles sont tes attentes? Quelles sont les douleurs qu'il souhaite atténuer lors de l'accès à votre site Web ou à votre application ? Que pense-t-il vraiment de votre produit ? Quelles sont vos difficultés ? Tout cela est extrêmement important pour définir les prochaines étapes et priorités pour votre produit.

Améliorez votre contenu : Lorsque vous connaissez bien votre public cible, vous pouvez sélectionner les meilleurs arguments et choisir le bon moment pour les utiliser. De plus, vous découvrirez quel contenu est nécessaire pour attirer et convaincre les utilisateurs des prochaines étapes ou comment les engager dans votre produit. Cela vaut pour chaque étape, du flux de vente à la génération de prospects et à l'utilisation du produit lui-même.

Identifiez vos meilleurs clients : pouvez-vous imaginer que vous pourriez perdre du temps et de l'argent à essayer d'attirer et de convertir des personnes qui ne font tout simplement pas partie de votre profil d'utilisateur idéal ? Par conséquent, savoir qui ils sont, comment ils se comportent et où ils se trouvent contribuera de manière significative à définir ce que vous devez proposer dans votre produit et comment.

Adaptez votre UX aux différents profils : Votre site est accessible par différents profils d'utilisateurs, chacun avec des attentes différentes. Si vous ne connaissez pas chacun d'eux, vous courez le risque de créer un produit générique qui essaie de servir tout le monde, mais finit par ne servir personne efficacement. Par conséquent, connaître et utiliser des personas peut rendre votre site Web ou votre application deux à cinq fois plus efficace et plus facile à utiliser.

En résumé, connaître votre public cible est essentiel au succès de votre produit. En comprenant les besoins, les attentes et les comportements des utilisateurs, vous pouvez cibler vos efforts de développement, améliorer le contenu, identifier les meilleurs clients et créer une expérience utilisateur personnalisée et satisfaisante. Ne sous-estimez donc pas l'importance de connaître votre utilisateur et laissez-le guider vos décisions de conception et de stratégie.

# Groupement d'utilisateurs

Imaginez que vous avez un produit ou un service auquel accèdent différentes personnes, chacune avec des caractéristiques uniques. Mais d'une manière ou d'une autre, vous vous rendez compte qu'il existe des similitudes entre ces personnes, ce qui vous permet de créer des personnages pour représenter les groupes d'utilisateurs les plus importants. Comment faire cela ?

Tout d'abord, vous devez regrouper les utilisateurs par caractéristiques communes. Pensez au groupe d'âge, au sexe, au niveau d'éducation, à la profession, à ce qu'ils font dans la vie réelle, à leurs objectifs lorsqu'ils accèdent à votre produit et même au niveau d'expérience utilisateur. Ce ne sont que quelques exemples de critères qui peuvent être utilisés pour former des groupes. Sur la base de ces informations, vous serez prêt à créer des personas.

Créer des personas est simple mais extrêmement précieux. Chaque persona doit avoir quelques éléments essentiels :

Nom de la personne : donnez un nom à votre personne pour une identification et une référence faciles lors des discussions sur les produits. Cela vous aidera à vous rappeler qui elle représente.

Âge : définissez un âge dans la tranche d'âge qui représente le mieux vos utilisateurs. Cela aidera à donner au personnage un contexte plus réaliste.

Niveau d'éducation : Découvrez quel est le niveau d'éducation prédominant parmi vos utilisateurs. Cela peut aller du primaire au supérieur.

Profession : Identifiez quelle est la profession la plus courante parmi vos utilisateurs. Travaillent-elles hors de chez elles, occupent-elles des postes de direction, sont-elles femmes au foyer ou étudiantes ? Ces informations sont importantes pour comprendre le contexte et les besoins de la personne.

Moyens de communication les plus utilisés : Découvrez quels sont les principaux canaux de communication utilisés par vos utilisateurs. Cela peut inclure les réseaux sociaux, les chaînes de télévision, les appareils électroniques, entre autres.

Objectifs : Comprendre les principaux objectifs du persona lors de l'utilisation de votre produit ou service. Comprendre les objectifs et les besoins individuels vous aidera à créer une expérience plus ciblée.

Défis : Identifiez les difficultés et les douleurs auxquelles le personnage est confronté. Cela vous permet de comprendre les besoins spécifiques et de trouver des solutions adaptées.

Comment notre entreprise peut vous aider : C'est le moment de réfléchir à la façon dont votre produit ou service peut aider à surmonter les défis et à atteindre les objectifs de la personne. C'est là que vous démontrez la valeur que votre entreprise offre.

Photo : choisissez une photo qui correspond à la description du personnage créé. Cela vous aidera à le visualiser de manière plus réaliste et facilitera la mémorisation de ses fonctionnalités.

En fonction d'informations sur l'âge, l'éducation, la profession, les moyens de communication préférés et les objectifs, vous pourrez adapter le contenu, la langue et même les canaux de communication utilisés pour atteindre plus efficacement chaque persona.

En comprenant les défis et les difficultés spécifiques de chaque personne, vous serez en mesure d'offrir de meilleures solutions. Cela permettra à votre entreprise de se positionner en tant que partenaire dans le parcours de l'utilisateur, en l'aidant à surmonter les obstacles et à atteindre ses objectifs.

Inclure une photo pour chaque personnage joue également un rôle important. Cela aide à donner vie à la représentation fictive, la rendant plus réelle et mémorable. Lorsque vous et votre équipe pouvez visualiser le personnage comme une personne réelle, il devient plus facile de faire preuve d'empathie et de comprendre ses besoins de manière plus approfondie.

En fin de compte, les personas deviennent un outil essentiel pour prendre des décisions concernant la conception, les fonctionnalités et les priorités de votre produit ou service. En fonction des caractéristiques et des préférences des personas, vous pouvez orienter vos efforts pour créer une expérience utilisateur très satisfaisante qui répond aux attentes et aux besoins de chaque groupe.

# taxonomie

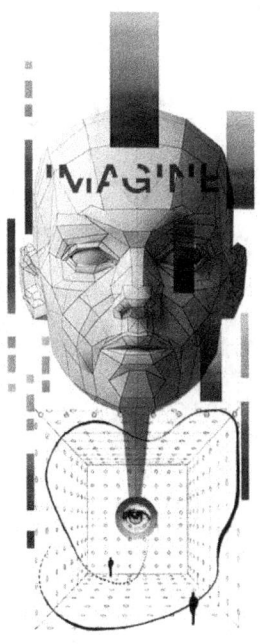

La taxonomie est un domaine d'étude dédié à la classification et à l'organisation d'éléments ou d'objets en fonction de leurs caractéristiques et relations.

Imaginez que vous organisez une fête surprise pour un ami. Pour vous assurer que tout est parfait et que chaque détail est au bon endroit, vous décidez d'appliquer la taxonomie.

Tout d'abord, vous créez des catégories générales pour une organisation facile. Disons que vous avez des catégories comme la décoration, la nourriture, les boissons, la musique et les activités. Ces catégories permettent de regrouper les éléments connexes dans leurs domaines respectifs.

Maintenant, dans la catégorie décoration, vous créez des sous-catégories telles que des ballons, des bannières, des compositions florales et des éclairages. Ces sous-catégories permettent une classification plus précise des éléments décoratifs que vous comptez utiliser.

Dans la catégorie des aliments, vous pouvez créer des sous-catégories telles que les entrées, les plats principaux, les plats d'accompagnement et les desserts. Chaque sous-catégorie regroupe les différents types d'aliments que vous prévoyez de servir lors de la fête.

Dans la catégorie des boissons, vous pouvez avoir des sous-catégories telles que les boissons gazeuses, les jus, les boissons alcoolisées et l'eau. Ces sous-catégories aident à organiser les options de boissons disponibles pour vos invités.

Dans la catégorie musique, vous pouvez créer des sous-catégories telles que des listes de lecture de fête, des chansons d'anniversaire préférées et des chansons de danse. Ces sous-catégories vous permettent de sélectionner et d'organiser des chansons en fonction de l'occasion.

Enfin, dans la catégorie des activités, vous pouvez avoir des sous-catégories comme des jeux, des farces et des surprises. Ces sous-catégories permettent d'organiser les différentes activités prévues pour divertir les invités lors de la fête.

En appliquant la taxonomie dans ce contexte, vous pouvez organiser tous les éléments de la fête de manière logique et cohérente. Cela facilite la préparation, garantit que rien n'est oublié et contribue à créer une expérience agréable pour la personne fêtée et ses invités.

Comme dans l'organisation du parti, la taxonomie est un moyen de classer et d'organiser les éléments selon leurs caractéristiques et leurs relations. Cela nous aide à créer une structure logique et facilite la recherche et la compréhension des éléments d'un système.

Cette pratique est largement utilisée dans de nombreux domaines, tels que la biologie, la bibliothéconomie, l'informatique et la conception de l'information.

En termes simples, la taxonomie consiste à regrouper des éléments similaires en catégories ou classes, afin de faciliter la compréhension, la recherche et la récupération de ces éléments. Il s'agit de créer un système de classification hiérarchique, dans lequel les éléments sont organisés en niveaux de généralité et de spécificité.

La taxonomie est basée sur des critères spécifiques qui sont utilisés pour déterminer à quelle catégorie appartient un élément. Ces critères peuvent être basés sur des caractéristiques physiques, des attributs fonctionnels, des relations entre éléments ou tout autre aspect pertinent pour la classification. L'objectif est de créer un système cohérent et intuitif où chaque élément est affecté à la catégorie la plus appropriée.

L'une des applications les plus courantes de la taxonomie concerne l'organisation de l'information et du contenu. Par exemple, sur un site Web ou dans une bibliothèque numérique, la taxonomie peut être utilisée pour classer des articles, des pages ou des documents dans des catégories et sous-catégories spécifiques. Cela permet aux utilisateurs de trouver facilement le contenu souhaité en naviguant à travers différents niveaux de classement.

En outre, la taxonomie joue également un rôle important dans la création de systèmes de recherche efficaces. En attribuant des balises, des mots clés ou des métadonnées aux éléments, il est possible d'améliorer la précision et la pertinence des résultats de recherche, car les éléments sont classés en fonction de leurs caractéristiques les plus pertinentes.

Dans le contexte de la conception de l'information et de l'expérience utilisateur, la taxonomie joue un rôle clé dans l'organisation et la structuration de l'information. Il aide à créer des interfaces plus intuitives et permet aux utilisateurs de trouver et de comprendre plus facilement les informations. Une taxonomie bien conçue offre une expérience utilisateur plus fluide et efficace, permettant aux utilisateurs de trouver ce qu'ils recherchent rapidement et intuitivement.

En résumé, en appliquant correctement la taxonomie, il est possible de créer des structures claires et intuitives, ce qui facilite la recherche et la compréhension des informations par les utilisateurs.

# 5 problèmes d'architecture des informations

L'architecture de l'information joue un rôle clé dans la création d'expériences numériques intuitives et efficaces. Il se concentre sur l'organisation, la structure et la navigation des informations au sein d'un produit ou d'un système. Cependant, même avec une planification minutieuse, des problèmes peuvent survenir et compromettre la convivialité et l'expérience utilisateur. Pour identifier ces problèmes et assurer une architecture de l'information efficace, voici 5 façons de les repérer :

Analyse des métriques et des données d'utilisation : un moyen efficace d'identifier les problèmes dans l'architecture de l'information consiste à analyser les métriques et les données d'utilisation des produits. Grâce à des outils d'analyse, il est possible d'identifier les modèles de comportement des utilisateurs, tels que les taux de rebond, le temps passé dans certaines sections et les chemins de navigation les plus courants. Ces informations peuvent révéler des points problématiques dans la structure de l'information, tels que des pages rarement consultées ou des difficultés à trouver certaines informations.

Tests d'utilisabilité : effectuer des tests d'utilisabilité avec de vrais utilisateurs est un moyen précieux d'identifier les problèmes dans l'architecture de l'information. Lors des tests, les participants sont invités à effectuer des tâches spécifiques sur le produit, tout en observant leurs interactions et leurs difficultés. Les tests d'utilisabilité peuvent révéler des problèmes de navigation confuse, une catégorisation inadéquate des informations, un manque de clarté dans la structure du contenu, entre autres aspects qui ont un impact sur l'expérience utilisateur.

Évaluation heuristique : L'évaluation heuristique est une technique dans laquelle les experts UX analysent l'interface du produit à la recherche de problèmes d'utilisabilité. En appliquant une liste d'heuristiques prédéfinies, les experts peuvent identifier les problèmes communs qui affectent l'architecture de l'information, tels que le manque de cohérence dans l'organisation de l'information, le manque de retour des utilisateurs et le manque de correspondance entre le système et le monde réel. Cette approche offre une vision critique et objective de la structure de l'information.

Commentaires des utilisateurs : les avis et les commentaires des utilisateurs sont inestimables pour détecter les problèmes dans l'architecture de l'information. Grâce à des enquêtes, des entretiens ou des canaux d'assistance, il est possible de collecter des informations précieuses sur l'expérience des utilisateurs avec la structure d'information existante. Les utilisateurs peuvent signaler des difficultés de navigation, des problèmes de localisation des informations pertinentes ou des suggestions pour améliorer l'organisation des informations. Ces commentaires directs des utilisateurs peuvent fournir des informations précieuses pour améliorer l'architecture de l'information.

Évaluation et analyse comparative des concurrents : l'observation et l'évaluation de l'architecture de l'information des produits concurrents ou des références de l'industrie peuvent révéler des informations intéressantes. En analysant comment d'autres produits organisent leurs informations et offrent une expérience de navigation efficace, il est possible d'identifier les lacunes potentielles dans l'architecture de l'information elle-même. Cette approche de benchmarking peut aider à identifier les opportunités d'amélioration et à adapter les meilleures pratiques utilisées sur le marché.

En utilisant ces 5 façons de détecter les problèmes dans l'architecture de l'information, vous serez en mesure d'identifier les domaines à améliorer et de prendre des mesures correctives pour améliorer l'expérience utilisateur. Il est important de se rappeler que l'architecture de l'information n'est pas un processus statique, mais plutôt un cycle continu d'analyse, de réglage et d'optimisation.

En analysant les métriques et les données d'utilisation, en effectuant des tests d'utilisabilité, en appliquant des évaluations heuristiques, en recueillant les commentaires des utilisateurs et en évaluant la concurrence, vous obtiendrez une vue complète de l'efficacité de votre architecture d'informations. Ces approches se complètent, fournissant des informations précieuses et identifiant les problèmes potentiels dans différents aspects de la structure de l'information.

N'oubliez pas qu'une détection précoce des problèmes d'architecture de l'information est essentielle pour éviter la frustration et garantir une expérience utilisateur agréable et intuitive. En créant une structure d'informations cohérente et bien organisée, vous permettrez aux utilisateurs de trouver facilement ce qu'ils recherchent, de naviguer facilement et d'accéder rapidement et efficacement aux informations pertinentes.

Par conséquent, ne sous-estimez pas l'importance de détecter et de résoudre les problèmes dans l'architecture de l'information. Utilisez ces 5 formes d'analyse et soyez constamment attentif aux besoins et aux commentaires des utilisateurs. De cette façon, vous serez sur la bonne voie pour créer des produits numériques qui offrent une expérience exceptionnelle, une valeur ajoutée et la satisfaction des utilisateurs.

# Test A/B - Les variations de ce qui fonctionne

L'A/B testing est une stratégie fondamentale dans le domaine de l'UX (User Experience) et du marketing digital. Il consiste à présenter aux utilisateurs deux versions différentes d'une page, d'une ressource ou d'un élément, et à analyser laquelle offre les meilleurs résultats en termes d'engagement, de conversions et de satisfaction des utilisateurs.

Le principal avantage des tests A/B est qu'ils vous permettent de prendre des décisions basées sur des données concrètes plutôt que sur des hypothèses ou des opinions subjectives. En effectuant ces tests, vous pouvez comprendre comment de petites modifications apportées à l'interface ou au contenu peuvent avoir un impact significatif sur le comportement de l'utilisateur.

Voici quelques raisons pour lesquelles les tests A/B sont si importants :

Amélioration continue : les tests A/B permettent une amélioration constante de l'expérience utilisateur. En exécutant des tests, vous pouvez identifier ce qui fonctionne le mieux pour votre public et ajuster votre stratégie en fonction des résultats. Cela vous permet d'améliorer continuellement la convivialité, la conception et l'efficacité de votre produit ou site Web.

Optimisation de la conversion : l'objectif ultime de toute entreprise est de convertir les visiteurs en clients ou en utilisateurs actifs. Les tests A/B peuvent aider à optimiser les taux de conversion en identifiant les éléments qui encouragent les utilisateurs à effectuer les actions souhaitées, comme effectuer un achat, remplir un formulaire ou s'inscrire à une newsletter. En testant différentes variantes, vous pouvez découvrir la mise en page, le texte ou les appels à l'action les plus efficaces.

Réduction des risques : Avant de mettre en œuvre un changement significatif sur un produit ou un site, il est judicieux de tester différentes approches de réduction des risques. Les tests A/B vous permettent de valider des hypothèses et de minimiser l'impact négatif de mauvaises décisions. En testant de petits changements de manière contrôlée, vous évitez de déployer de grands changements sans être sûr de leur impact.

Personnalisation de l'expérience : chaque utilisateur est unique et a des préférences et des besoins différents. Les tests A/B peuvent aider à personnaliser l'expérience utilisateur, en offrant des variations adaptées aux différents segments ou profils d'utilisateurs. Cela peut inclure des modifications de la langue, des images, des offres ou de l'organisation du contenu, permettant à chaque utilisateur d'avoir une expérience plus pertinente et satisfaisante.

Basé sur des preuves : lorsque vous prenez des décisions basées sur des tests A/B, vous disposez de données réelles pour étayer vos choix. Cela facilite la justification de vos décisions auprès de l'équipe ou des parties prenantes, car vous pouvez montrer l'impact positif des changements sur la base de résultats tangibles.

En résumé, les tests A/B sont un outil essentiel pour améliorer l'expérience utilisateur et optimiser les résultats d'un produit ou d'un site Web. Il vous permet de prendre des décisions éclairées, de réduire les risques, de personnaliser l'expérience et de rechercher constamment une amélioration continue. En mettant en œuvre des tests A/B dans votre stratégie, vous serez sur la bonne voie pour offrir une expérience utilisateur exceptionnelle et obtenir de meilleurs résultats dans vos objectifs commerciaux.

## Intégrer des textes dans le design

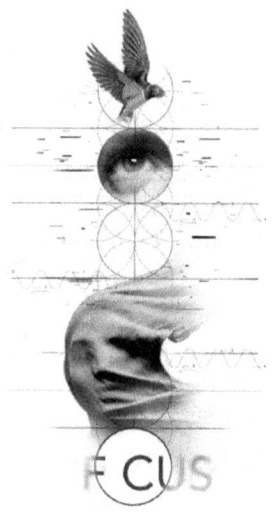

Lorsque vous intégrez le texte et la conception, vous créez un mélange approprié de visuels et de contenu textuel qui peut transmettre des messages clairs, fournir des informations pertinentes et attirer l'attention de l'utilisateur.

Explorons quelques stratégies pour établir cette connexion.

Cohérence visuelle : les textes et les images doivent être visuellement alignés, en suivant le même langage de conception, le même style et la même palette de couleurs. Cela permet de créer une identité visuelle cohérente et harmonieuse, véhiculant un message unifié aux utilisateurs.

Complémentarité du contenu : Les textes doivent compléter les images, offrir des informations supplémentaires ou approfondir le sens visuel. Par exemple, sur un site Web de voyage, l'image d'une destination exotique peut être accompagnée d'un texte décrivant les attractions locales, des conseils de voyage et des informations utiles.

Hiérarchie visuelle : une hiérarchie visuelle appropriée permet aux utilisateurs d'identifier facilement la relation entre les textes et les images. L'utilisation de tailles de police, de couleurs et d'un placement stratégique peut aider à mettre en évidence les informations importantes et à diriger l'œil de l'utilisateur vers les éléments visuels pertinents.

Contextualisation : Il est important de contextualiser les images à travers des textes descriptifs ou des légendes. Cela permet de transmettre le but et la signification de l'image, d'éviter toute ambiguïté et de s'assurer que les utilisateurs comprennent le message voulu.

Cohérence du style : Maintenez un style cohérent tout au long de la conception, à la fois dans le texte et les images. Cela inclut l'utilisation de polices cohérentes, de styles d'écriture cohérents et d'images qui correspondent au thème général. La cohérence permet de créer une expérience unifiée et fiable.

Interaction : explorez les manières d'interagir entre les textes et les images pour engager les utilisateurs. Par exemple, lorsque vous survolez une image, une description ou des informations connexes supplémentaires peuvent être affichées. Cela crée une expérience interactive et augmente l'engagement des utilisateurs.

Clarté et simplicité : les textes et les images doivent être clairs et concis, en évitant les informations excessives ou complexes. Gardez le message direct et précis, en vous assurant que les utilisateurs peuvent facilement absorber le contenu visuel et textuel.

Comprendre les besoins et les attentes des utilisateurs est essentiel pour créer une combinaison efficace et percutante. En équilibrant les éléments visuels et le contenu textuel, vous pouvez fournir une expérience cohérente et significative, augmentant la convivialité et la satisfaction des utilisateurs.

## Intimité avec le monde réel

Dans le monde numérique en constante évolution, il est de plus en plus important de créer des expériences qui apportent aux utilisateurs un sentiment d'intimité avec le monde réel.

Bien qu'Internet et la technologie nous aient donné accès à une multitude de ressources et de possibilités, elles peuvent souvent sembler impersonnelles et déconnectées de notre réalité quotidienne.

Cependant, en présentant à l'utilisateur cette intimité avec le monde réel, il est possible de créer des expériences plus authentiques, engageantes et mémorables.

Une façon d'atteindre cette intimité passe par le design et l'interaction.

En concevant des interfaces qui ressemblent à des objets physiques avec lesquels les utilisateurs sont familiers, tels que des boutons qui ressemblent à des boutons physiques, des menus qui imitent ceux d'un restaurant ou des visuels qui rappellent des objets du monde réel, nous pouvons créer un sentiment de familiarité et de confort...

Cela aide les utilisateurs à se sentir plus à l'aise et facilite la compréhension et l'interaction avec le système.

Une autre approche consiste à utiliser des éléments du monde réel pour fournir un contexte et un sens.

Par exemple, lors de la présentation d'informations ou d'instructions, nous pouvons utiliser des métaphores ou des analogies liées au monde réel pour rendre le contenu plus compréhensible et pertinent.

Cela permet aux utilisateurs de se connecter aux informations de manière plus significative, en les reliant à des expériences ou à des concepts qu'ils connaissent déjà.

De plus, nous pouvons exploiter le pouvoir de la personnalisation pour créer un sentiment d'intimité avec le monde réel.

En permettant aux utilisateurs de personnaliser leurs paramètres, leurs préférences et même l'apparence de l'interface, nous leur donnons la possibilité de créer un environnement qui reflète leurs goûts et préférences individuels.

Cela crée un sentiment d'appartenance et d'identification, rapprochant l'expérience numérique de la réalité personnelle de chaque utilisateur.

Considérez l'expérience sensorielle dans la création d'une intimité avec le monde réel.

L'incorporation d'éléments visuels, sonores et tactiles peut éveiller des émotions et des souvenirs associés à des expériences réelles.

Des sons familiers, des animations réalistes et même la sensation tactile lors de l'interaction avec l'interface peuvent contribuer à une expérience plus immersive et engageante.

En présentant à l'utilisateur une intimité avec le monde réel, nous créons une connexion plus profonde et plus authentique. Cela se traduit par une expérience utilisateur plus attrayante, mémorable et satisfaisante.

En considérant le contexte et les attentes de l'utilisateur, en utilisant des éléments de conception, des métaphores, la personnalisation et l'expérience sensorielle, nous pouvons créer des interfaces numériques qui transcendent la technologie et deviennent de véritables extensions du monde réel, enrichissant la vie des utilisateurs.

# Expérience utilisateur agile

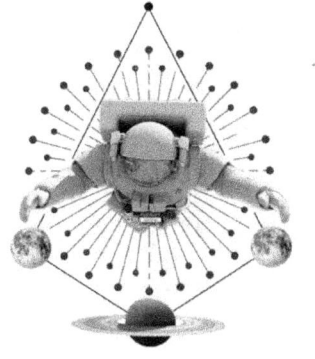

Agile UX est une approche qui combine les principes de la méthodologie agile avec les concepts et les pratiques de l'expérience utilisateur (UX). Cette fusion permet aux équipes de développement de produits et de services de créer des expériences utilisateur de manière plus collaborative, itérative et centrée sur l'utilisateur.

La méthodologie Agile est connue pour son accent sur la flexibilité, l'adaptation et la livraison continue de la valeur client. Elle apprécie les interactions fréquentes entre les membres de l'équipe et la réactivité au changement pendant le processus de développement. D'autre part, l'expérience utilisateur (UX) cherche à comprendre les besoins, les attentes et les comportements des utilisateurs pour concevoir des solutions utiles, utilisables et agréables.

Dans le cadre d'Agile UX, les principes agiles sont appliqués pour améliorer le fonctionnement des équipes UX. Plutôt que d'entreprendre des recherches approfondies et une planification détaillée au début du projet, Agile UX valorise l'apprentissage continu tout au long du processus. L'équipe UX travaille en étroite collaboration avec les développeurs, les analystes commerciaux et les autres membres de l'équipe agile pour s'assurer que les besoins des utilisateurs sont satisfaits efficacement.

L'une des principales caractéristiques d'Agile UX est le prototypage rapide et itératif. Plutôt que de créer une conception complète avant le développement, l'équipe UX produit des prototypes basse fidélité qui peuvent être testés et affinés avec les commentaires des utilisateurs. Cela permet d'identifier rapidement les problèmes et de proposer des solutions basées sur des preuves réelles.

Un autre aspect important est la collaboration multidisciplinaire. Les membres de l'équipe travaillent ensemble à chaque étape du projet, partageant leurs connaissances et prenant des décisions communes. Cela permet d'éviter les silos d'informations et garantit que le point de vue de l'utilisateur est pris en compte dans toutes les décisions.

L'approche Agile UX met également l'accent sur la création de valeur continue. Plutôt que d'attendre la fin du projet pour publier le produit final, les équipes Agile UX visent à fournir des incréments de valeur utilisateur à intervalles courts. Cela permet d'intégrer rapidement les commentaires des utilisateurs et d'effectuer des ajustements tout au long du processus de développement.

En bref, Agile UX combine des principes agiles avec des concepts d'expérience utilisateur pour créer une approche collaborative, itérative et centrée sur l'utilisateur pour le développement de produits et de services. En intégrant le prototypage rapide, la collaboration interdisciplinaire et la livraison continue de valeur, les équipes Agile UX sont plus susceptibles de créer des expériences qui répondent aux besoins des utilisateurs et de fournir des résultats efficaces.

# Lean UX - Pensée Lean

Lean UX est une approche qui combine les principes de la pensée lean avec les concepts et les pratiques de l'expérience utilisateur (UX). Cette méthodologie a pour objectif principal d'éliminer le gaspillage et de maximiser la valeur apportée à l'utilisateur, de manière agile et efficace.

La pensée Lean, issue de l'industrie automobile japonaise, cherche à réduire tous les types de gaspillage dans un processus, qu'il s'agisse de temps, de ressources ou d'efforts inutiles. Dans le cadre du Lean UX, ce principe est appliqué au développement de produits et services, dans le but de créer une approche plus centrée sur l'utilisateur et axée sur les résultats.

Contrairement aux approches UX traditionnelles, qui impliquent des recherches approfondies et une documentation détaillée, Lean UX valorise l'expérimentation rapide et l'apprentissage continu. L'idée est de tester des hypothèses et de valider des solutions de manière itérative, sur la base de retours d'utilisateurs et de données réelles.

L'une des principales caractéristiques du Lean UX est l'accent mis sur la collaboration multidisciplinaire. Les équipes sont composées de membres de différents domaines, tels que la conception, le développement, les affaires et le marketing, qui travaillent ensemble dès le début du projet. Cette collaboration permet un échange constant d'idées et de connaissances, résultant en des solutions plus intégrées et en phase avec les besoins des utilisateurs.

Un autre aspect fondamental du Lean UX est la création de MVP (Minimum Viable Products) ou MLP (Minimum Loveable Products). Ces versions simplifiées du produit sont rapidement développées et mises sur le marché pour les commentaires et la validation des utilisateurs. Sur la base de ces informations, l'équipe peut itérer et améliorer progressivement le produit, en évitant de gaspiller des ressources sur des fonctionnalités inutiles.

L'approche Lean UX valorise également la visualisation des idées et des concepts. Au lieu de longs documents ou de spécifications techniques, des méthodes visuelles telles que des croquis, des wireframes et des storyboards sont utilisées pour communiquer et aligner les idées de l'équipe. Cela permet de réduire l'ambiguïté et d'accélérer le processus de développement.

De plus, Lean UX favorise l'état d'esprit d'expérimentation et d'apprentissage continus. Les erreurs sont considérées comme des opportunités d'apprentissage, et l'équipe est toujours prête à adapter et à ajuster les solutions en fonction des connaissances acquises. Cela permet une évolution constante du produit, ce qui se traduit par une expérience utilisateur plus raffinée et alignée sur les besoins du public cible.

En bref, Lean UX est une approche agile et axée sur les résultats qui cherche à éliminer le gaspillage et à maximiser la valeur délivrée à l'utilisateur. En mettant l'accent sur l'expérimentation, la collaboration multidisciplinaire et l'apprentissage continu, Lean UX offre un moyen efficace de créer des produits et services plus en phase avec les besoins des utilisateurs, en évitant le gaspillage de ressources et les efforts inutiles.

# Créer un MVP en pratique

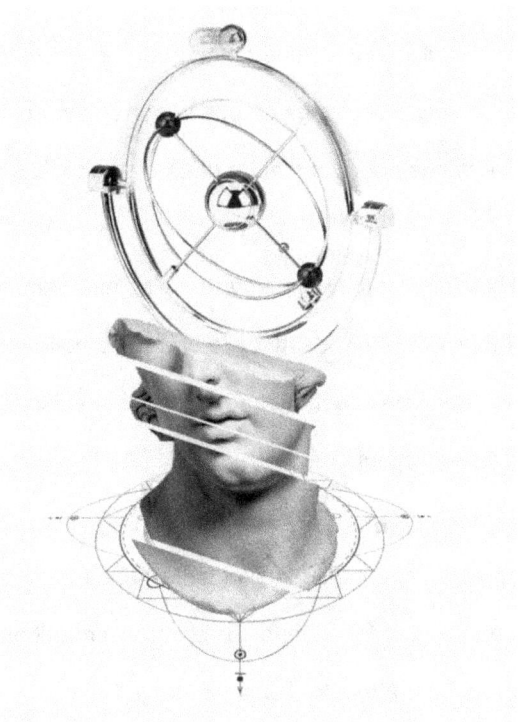

La création d'un MVP (Minimum Viable Product) basé sur l'expérience utilisateur à l'aide de texte et de conception implique de suivre certaines étapes importantes. Voici quelques lignes directrices pour vous aider dans ce processus :

Définir l'objectif : Commencez par définir clairement quel est l'objectif de votre MVP. Identifiez le problème ou le besoin de l'utilisateur que vous souhaitez résoudre et la valeur que votre produit ou service apportera.

Identifiez les fonctionnalités essentielles : Déterminez quelles sont les principales fonctionnalités de votre produit qui sont nécessaires pour atteindre l'objectif établi. Concentrez-vous sur le minimum nécessaire pour valider la proposition de valeur et évitez de développer des fonctionnalités inutiles.

Créez une structure de texte : développez une structure de texte claire et concise qui guidera votre présentation MVP. Organisez les informations de manière logique, en mettant en évidence les principaux avantages et caractéristiques du produit. Utilisez un langage direct et engageant pour transmettre la proposition de valeur aux utilisateurs.

Concevoir l'interface : utilisez le design pour créer une interface visuelle attrayante et intuitive. Tenez compte de l'identité visuelle de votre marque et créez une mise en page propre et épurée. Donnez la priorité à la convivialité en rendant les actions des utilisateurs faciles à comprendre et à exécuter. N'oubliez pas que la conception doit s'aligner sur la proposition de valeur du produit.

Prototypez l'expérience utilisateur : utilisez des outils de prototypage pour simuler l'interaction de l'utilisateur avec votre MVP. Cela vous permettra de tester et de valider l'utilisabilité, la navigabilité et la fluidité de l'expérience utilisateur. Itérer sur le prototype en fonction des commentaires reçus, en cherchant toujours à améliorer l'interaction et la compréhension du produit.

Effectuez des tests d'utilisabilité : invitez des utilisateurs représentatifs à tester votre MVP. Observez leurs interactions et recueillez des commentaires sur l'expérience. Analyser les métriques et identifier les axes d'amélioration. Ces tests aideront à valider le texte et les décisions de conception, ainsi qu'à identifier les problèmes potentiels ou les opportunités d'amélioration.

Apportez des ajustements et des itérations : en fonction des résultats des tests d'utilisabilité, apportez les modifications nécessaires à votre texte et à votre conception MVP. Itérez pour affiner l'expérience utilisateur, résoudre les problèmes et intégrer des commentaires pertinents. Cette démarche d'amélioration continue est essentielle pour créer un produit en adéquation avec les attentes et les besoins des utilisateurs.

N'oubliez pas que le but du MVP est de valider la proposition de valeur et d'acquérir des apprentissages grâce à l'interaction avec les utilisateurs. Restez donc ouvert aux ajustements et aux adaptations tout au long du processus. Au fur et à mesure que vous recueillez des commentaires et itérez, vous vous rapprocherez de plus en plus de la création d'une expérience utilisateur significative et percutante.

# Les utilisateurs veulent de la transparence

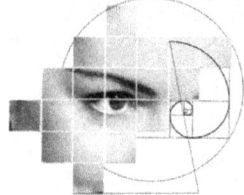

Les utilisateurs apprécient la transparence. Il ne sert à rien d'utiliser de petits caractères avec des astérisques en fin d'écran, de masquer le prix, de ne révéler le délai de livraison qu'à la fin de l'achat ou de ne pas préciser la politique d'échange. Il est essentiel que toutes ces informations soient présentées de manière claire et accessible. La transparence est essentielle pour que l'utilisateur se sente en sécurité et en confiance lors de l'utilisation de votre produit.

Lorsque tout est présenté de manière transparente, l'utilisateur a une compréhension claire des conditions et des attentes impliquées. Cela renforce la confiance, car il sait exactement ce qu'il achète et quels engagements il a pris. De plus, la transparence contribue à une relation saine entre l'entreprise et l'utilisateur, en construisant une base solide de confiance et de loyauté.

De plus, il est important d'éviter de demander aux utilisateurs des données inutiles. Souvent, lorsqu'ils sont confrontés à de longs formulaires ou à des demandes excessives d'informations personnelles, les utilisateurs peuvent se sentir mal à l'aise et méfiants. Donc, si vous pouvez simplifier et minimiser la quantité de données demandées, ce sera encore plus favorable pour l'expérience utilisateur.

Globalement, en assurant la transparence et en évitant une sollicitation excessive de données, vous faites preuve de respect pour l'utilisateur et tenez à sa vie privée. Cela crée un environnement plus accueillant où les utilisateurs se sentent à l'aise pour explorer et utiliser votre produit. La transparence est un facteur clé pour gagner la confiance des utilisateurs et cultiver une relation durable.

# Boutons gros et évidents

Saviez-vous que le doigt d'une personne mesure en moyenne 16 à 20 mm ? Ces informations sont essentielles lorsque l'on considère la taille des éléments cliquables sur votre site Web ou votre application.

Lors de la conception d'interfaces numériques, il est crucial de s'assurer que les utilisateurs peuvent facilement interagir avec les éléments par le toucher. La taille des emplacements des clics, également appelés boutons ou zones interactives, joue un rôle clé à cet égard.

En tenant compte de la taille moyenne des doigts, il est possible d'éviter que les utilisateurs aient des difficultés à atteindre la cible souhaitée. Si les emplacements de clic sont trop petits, les utilisateurs peuvent appuyer par erreur sur des zones adjacentes, ce qui provoque de la frustration et une expérience négative.

D'autre part, en augmentant la taille des emplacements de clic, vous fournissez une interaction plus précise et confortable. Cela signifie que les utilisateurs pourront sélectionner les éléments souhaités avec plus de facilité et de précision, réduisant ainsi les risques d'erreurs et améliorant la convivialité de votre site Web ou de votre application.

Outre la taille, il est également important de prendre en compte l'espacement entre les emplacements des clics. C'est une bonne idée de laisser un espace suffisant entre les éléments interactifs pour éviter les contacts accidentels et permettre aux utilisateurs de naviguer facilement.

Lors de la conception de votre interface, tenez compte de la taille moyenne des doigts des utilisateurs et appliquez des tailles appropriées aux emplacements des clics. De cette façon, vous créerez une expérience plus conviviale et plus intuitive, rendant l'interaction avec votre site Web ou votre application plus agréable et efficace pour tous les utilisateurs.

# Conclusion

Tout au long de ce matériel, nous explorons plusieurs aspects liés à l'expérience utilisateur (UX) et son importance dans la création de produits numériques.

Nous avons vu que l'UX implique la façon dont les utilisateurs interagissent et perçoivent un produit, en tenant compte de facteurs tels que la convivialité, la satisfaction et l'efficacité.

Nous avons discuté des piliers fondamentaux de l'utilisabilité, qui sont l'apprentissage, l'efficacité, la mémorisation, la prévention des erreurs et la satisfaction des utilisateurs.

Ces éléments sont essentiels pour assurer une expérience positive et agréable aux utilisateurs, se traduisant par un engagement et une fidélité accrus.

Nous explorons également des concepts tels que la taxonomie et l'architecture de l'information, qui jouent un rôle important dans l'organisation et la structuration de l'information dans un produit.

La taxonomie aide à la catégorisation et à l'organisation des contenus, tandis que l'architecture de l'information définit la manière dont ces contenus sont présentés à l'utilisateur.

Nous abordons l'heuristique de Nielsen, un ensemble de principes qui aident à identifier les problèmes d'utilisabilité.

Ces heuristiques fournissent des lignes directrices importantes pour créer des produits plus intuitifs et efficaces, en tenant compte d'aspects tels que la rétroaction, la cohérence et la flexibilité.

Nous avons également parlé de l'état d'esprit UX, qui consiste à adopter un état d'esprit centré sur l'utilisateur lors de la conception et du développement d'un produit. Avoir un état d'esprit UX signifie mettre les besoins et les attentes de l'utilisateur au premier plan, en cherchant constamment à améliorer l'expérience offerte.

De plus, nous explorons des approches agiles telles que Agile UX et Lean UX qui favorisent la collaboration, l'itération et l'adaptation continue pendant le processus de développement.

Ces méthodologies agiles permettent une approche plus flexible et efficace pour créer des produits en fonction des besoins et des commentaires des utilisateurs.

Enfin, nous soulignons l'importance des tests A/B et du MVP dans l'expérience utilisateur. Les tests A/B vous permettent de comparer deux versions d'un élément ou d'une fonctionnalité pour identifier celle qui offre une meilleure expérience utilisateur. Le MVP (Minimum Viable Product) permet de lancer une première version du produit avec le minimum de fonctionnalités nécessaires, permettant de tester et valider des hypothèses basées sur les retours utilisateurs.

En résumé, l'expérience utilisateur est un facteur crucial dans le développement de produits numériques réussis. Tenir compte des principes d'utilisabilité, adopter un état d'esprit centré sur l'utilisateur, utiliser des approches agiles et effectuer des tests et des interactions constants sont des pratiques fondamentales pour créer des produits qui répondent aux besoins et aux attentes des utilisateurs, offrant une expérience positive, efficace et mémorable.

### Qui est Matheus Martins Soares ?

Matheus est un ancien agent militaire / présidentiel, diplômé en marketing depuis 2018 et spécialiste en rédaction. Il a écrit pour plus de 27 créneaux différents, montrant sa capacité à s'adapter à différents sujets et publics. Tout au long de sa carrière, il a travaillé dans de grandes entreprises, telles que le plus grand magazine économique du pays et le plus grand cabinet de conseil en marketing du Brésil. A contribué au succès d'importantes campagnes, générant + 30m de chiffre d'affaires pour ses clients. A publié plus de 200 livres sur Amazon et gagné des lecteurs dans plus de 12 pays différents. Expert en StoryTelling et UX Writing, il travaille également dans les coulisses en tant que GhostWriter, donnant la parole aux idées et aux histoires des autres. Sa méthode est capable d'écrire un livre en moins de 24 heures.

Avec une vision stratégique et des connaissances en marketing, il aide les entreprises, les auteurs et les projets littéraires à réussir. Il s'est retrouvé dans le monde du marketing, de l'écriture et du comportement humain.

www.ingramcontent.com/pod-product-compliance
Lightning Source LLC
Chambersburg PA
CBHW052328220526
45472CB00001B/322